DE LA
LÉGISLATION MILITAIRE

DANS

UN ÉTAT CONSTITUTIONNEL.

PAR LE GÉNÉRAL GUILLAUME DE VAUDONCOURT

Prix : 1 fr. 50 c.

PARIS,

GERMARD FRÈRES, ÉDITEURS,

DE LA
LÉGISLATION MILITAIRE
DANS
UN ÉTAT CONSTITUTIONNEL.

DE LA
LÉGISLATION MILITAIRE
DANS
UN ÉTAT CONSTITUTIONNEL.

PAR LE GÉNÉRAL GUILLAUME DE VAUDONCOURT.

PRIX : 1 FR. 50 C.

PARIS,

J. CORRÉARD JEUNE, ÉDITEUR,
DIRECTEUR DU JOURNAL DES SCIENCES MILITAIRES,
RUE RICHELIEU, Nᵒ 21.

1829.

IMPRIMERIE DE DAVID,
BOULEVART POISSONNIÈRE, N. 6.

DE LA
LÉGISLATION MILITAIRE,

DANS UN ÉTAT CONSTITUTIONNEL ;

PAR LE GÉNÉRAL GUILLAUME DE VAUDONCOURT.

Notre législation militaire n'est encore aujourd'hui composée que d'une série de lois, dictées par des circonstances auxquelles beaucoup d'entre elles n'auraient pas dû survivre. Souvent contradictoires dans quelques-unes de leurs dispositions, il en est peu qui ne soient abrogées en partie, tandis qu'une autre partie continue à recevoir son application. La réunion de ces lambeaux forme un tout qu'on devrait pouvoir appeler Code Militaire, mais dont on reconnaît bientôt, en l'examinant, le défaut d'unité et l'incohérence. Rien ne prouve, mieux que ce rapprochement, la nécessité d'un Code unique, dont les dispositions, partant d'une même base, soient coordonnées entre elles et conséquentes au principe dont elles dérivent. Depuis que la paix nous permet de nous occuper des améliorations qu'exige cette branche importante de notre législation, nous attendons, d'année en année, ce Code Militaire, dont la promulgation était d'autant plus urgente qu'elle devait faire cesser une illégalité, qui durait depuis 1815. Les conseils de guerre, formés d'après la loi du 13 brumaire an v, ont dû cesser de fait à la paix, selon les dispositions précises de l'article Iᵉʳ de cette même loi. Il en résulte que tous les ju-

, gemens rendus depuis cette époque par des conseils de
guerre, auxquels aucun acte législatif n'a rendu la lé-
galité qu'ils avaient perdu de droit, sont nuls et abusifs.
Un pareil état de choses n'a pu subsister que par un
abus de pouvoir et une violation positive de la Charte,
qui ne reconnait de tribunaux que ceux institués par la
loi.

Enfin les travaux de la Commission, chargée de préparer le Code Militaire étant terminés, le discours du
trône a annoncé qu'il serait présenté à la session légis-
lative de 1829. Je pense donc que le moment est arrivé
où il peut être utile d'examiner les principes généraux
sur lesquels doit reposer la législation militaire et les
conséquences d'exécution qui en dérivent. C'est ce que
je vais essayer de faire en m'appuyant sur l'expérience
pratique de quarante ans de service, et sur les réflexions
qu'elle m'a suggérée. Mais avant d'entrer en matière,
on me permettra quelques observations préliminaires,
qui tiennent au sujet dont j'ai l'intention de m'occuper.

Dans l'armée, comme dans la société civile, la base
de laquelle doit partir le législateur chargé d'en rédiger
les institutions, est l'éducation morale. Du plus ou
moins de perfection de cette éducation dépendent, non-
seulement la direction des institutions du droit civil,
mais encore l'intensité, le mode, et la nature des institutions répressives ou du droit criminel. S'il en était autre-
ment, un seul Code Civil et Pénal serait applicable à tous
les hommes dans tous les pays et tous les temps, tandis
que nous voyons, à mesure que les nations avancent en
civilisation, naitre le besoin de donner successivement,
à l'un et à l'autre de ces Codes, d'autres modes et d'autres
formes. L'armée, restée pour ainsi dire, sous le rapport

de ses institutions, en arrière des améliorations qu'ont éprouvées celles de la société, a cependant fait deux grands pas en avant. D'abord elle a fait, en général, et sous le rapport de l'accroissement des lumières, les mêmes progrès que le restant de la nation. En second lieu, par le mode même de sa formation, elle se compose d'élémens moralement meilleurs, que lorsqu'elle était formée par un recrutement qui lui fournissait, en trop grand nombre, des mercenaires tirés de la lie de la société, sous l'aspect de l'instruction et des mœurs.

Pour bien sentir quelle influence cette composition de l'armée doit avoir sur ses institutions en général, et sur son Code disciplinaire en particulier, il suffit de réfléchir à ce qu'est l'homme de guerre et ce qu'il doit être, c'est-à-dire ce qu'il a à supporter, et les qualités qu'il doit atteindre, pour remplir dans toute leur étendue, les devoirs de son état.

L'homme, en général, est propre à bien peu de chose, sans amour-propre ; l'homme de guerre encore moins. Il lui faut plus même ; il a besoin d'émulation ou plutôt d'ambition. Supporter avec patience des fatigues extraordinaires, des privations de tout genre, est une qualité qui ne tient purement qu'à l'homme animal, que l'éducation gimnastique peut donner jusqu'à un certain point, qui est tout entière dans l'intensité des forces physiques et qui cesse avec elles. Mais supporter ces mêmes fatigues sans abattement d'esprit ; les braver par devoir ; conserver une âme forte avec un corps abattu, est un résultat qui appartient en entier à l'éducation morale. C'est pourquoi l'on voit quelquefois le soldat, et surtout le jeune soldat, succomber sous les mêmes fatigues auxquelles ses chefs résistent avec bien

moins de forces physiques. Sans en chercher des exemples bien loin, il suffit de rappeler celui de la retraite de
Russie en 1812. Des régimens entiers périrent, d'autres
furent réduits presque à rien ; mais les cadres se sauvè-
rent du même désastre, par leur courage moral.

Cette force d'âme est donc une des premières qualités
qu'il faut imprimer à l'homme de guerre ; pour y parvenir il faut, non-seulement aiguillonner son amour-
propre par l'émulation et le diriger vers l'ambition des
récompenses ; mais encore lui imprimer le sentiment de
l'honneur et s'appliquer à le conserver. L'état militaire
n'offre pas les mêmes dédommagemens que la vie civile. Dans ce dernier état, l'homme trouve, même dans
l'intérêt pécuniaire, l'indemnisation de ses fatigues. Les
richesses, que l'organisation de la société lui réserve de
préférence, servent à multiplier des jouissances, dont sa
situation tranquille et éloignée de tous les dangers lui
permet d'espérer la prolongation. Les honneurs et l'a-
vancement sont loin de lui être fermés. Mais là situation
de l'homme de guerre est bien différente ; il ne peut pas
connaître les avantages que donne la fortune dans un
état paisible : son existence, à laquelle il a, pour ainsi
dire, dû renoncer, en endossant l'habit militaire, n'est
plus pour lui, qu'un songe qui touche peut-être au ré-
veil à l'instant où il voudrait l'embellir ; sa vieillesse,
s'il y parvient, est livrée aux infirmités et à la misère ;
l'espèce d'infériorité à laquelle le voue la modicité de
son traitement, au milieu d'une société qui tend à dé-
générer en une aristocratie pécuniaire, permet, même
à l'usurier enrichi, de jeter sur lui un œil dédaigneux.
Quel dédommagement lui reste-t-il donc de ses peines
et de ses fatigues, des dangers auxquels il est exposé et

des maux qui en sont la conséquence, si ce n'est l'espoir de l'avancement, et, bien plus encore, le sentiment de l'honneur ? Sans ces dédommagemens purement moraux, l'homme le plus courageux reculerait à la seule idée des dangers, des privations, et des maux qu'il doit braver. Mais s'il en est assuré, on verra le même homme, que son état a exclu des jouissances du présent, pour ne lui laisser que l'avenir, y trouver sa plus douce récompense. Il bravera tout et s'élancera dans la carrière de la gloire, dans l'espoir de transmettre son nom à l'histoire, et de vouer sa mémoire à l'estime et peut-être à l'admiration de la postérité.

On voit donc que s'il est nécessaire de retenir l'homme de guerre dans les liens de la discipline, il ne l'est pas moins de le conduire par les sentimens de l'honneur et d'une noble ambition. C'est là où doit tendre l'éducation morale et la législation militaire. Mais à ces considérations tirées de la situation de l'homme de guerre, de la nature de ses devoirs, et du droit qu'il a aux égards et à la sollicitude de la société, il s'en joint d'autres, tirées de l'essence même du gouvernement constitutionnel qui nous régit. Si les premières imposaient au législateur l'obligation, de pure équité, de diriger ses institutions vers une amélioration de l'existence morale de l'homme de guerre ; les autres lui en imposent le devoir légal, devoir qu'il ne saurait méconnaître sans violer le pacte constitutionnel qui nous oblige tous : c'est ce que je vais développer.

La législation militaire est *une législation exceptionnelle*. Ce principe, dont la vérité est incontestable, est celui sur lequel repose le Code Militaire de toutes les nations. L'armée, dépositaire de la force publique, doit être soumise à un Code particulier de lois, qui renferme cette partie active de la société dans des limites plus étroites, que celles qui sont imposées à la partie paisible et désarmée. Il faut empêcher que ce corps ne se dissolve par l'effet de la volonté individuelle ou du caprice de ses membres; il faut surtout prévenir l'abus qu'il pourrait faire des armes qui lui sont confiées, ce qui le rendrait alors le perturbateur de l'ordre public, dont il doit être le conservateur. Mais il ne faut pas se tromper sur *l'étendue de l'exception* qu'exige l'intérêt de la société; les bornes en sont indiquées par le pacte constitutionnel qui nous régit. Les militaires tirés de la masse des citoyens, et y rentrant dès que le temps de leur service est achevé, ou qu'ils cessent d'être en activité, n'ont pu perdre leurs droits aux garanties générales de la Charte, ni être dégagés des devoirs que cette même Charte leur impose, envers la patrie en général, et, en particulier, envers chacun de leurs concitoyens. L'armée n'est point un corps isolé, mis hors de contact avec la société par son existence, ni par sa législation spéciale. Elle est une réunion de citoyens, à qui la patrie a confié des armes pour sa défense, et à qui elle impose des conditions de garantie, contre l'abus de la force dont elle les a rendus dépositaires. La position de l'homme de guerre se présente donc sous deux aspects différens : comme citoyen d'abord, et en second lieu comme membre de l'armée. Il en résulte donc que les devoirs qui lui sont imposés sont également doubles, ou de deux espèces différentes, savoir : ceux qui lui sont communs avec le restant de la société, et que règle le Code Civil; et ceux qui lui sont imposés comme membre de l'armée, et que règle la loi militaire *par exception.*

Les délits commis par des militaires, c'est-à-dire par des individus d'un corps investi de la force, et ayant la faculté de l'appuyer par les armes, portent nécessairement, en eux-mêmes, un caractère aggravant, prévu et évalué par toutes les lois pénales. Il en résulte que le Code destiné à les reprimer, doit contenir, sous ce rapport, des dispositions plus sévères que celui auquel sont soumis les citoyens paisibles et désarmés. Telle est l'origine et le motif sur lequel repose *l'exception* qui constitue l'essence du Code Militaire.

Mais tous les délits commis par des militaires, sont-ils d'une nature aggravante et d'une espèce exceptionnelle ?

Tous ceux que le Code Militaire classe parmi les crimes et punit comme tels ; sont-ils passibles de peines infamantes, dans le sens qu'y attachent les lois sociales ?

Tous doivent-ils être jugés selon le mode et la forme prescrite par le Code exceptionnel de l'armée ?

La réponse à la première question se trouve dans la classification des délits que peuvent commettre des militaires. Tous ceux qui portent le caractère d'abus de la force, tels que l'insubordination, la désertion avec armes, les voies de faits, sont aggravans par leur nature. Tous ceux qui constituent une violation des devoirs, particulièrement imposés à l'armée, quoiqu'ils ne soient pas tous de nature aggravante, sont d'une espèce exceptionnelle. Ceux qui ne portent ni l'un ni l'autre caractère, sont de l'espèce commune et rentrent dans le droit commun. C'est ce que je développerai en examinant le Code des Délits et des Peines.

La solution de la seconde question se trouve dans les

réflexions suivantes : La législation militaire, en établissant, pour l'homme de guerre, des devoirs spéciaux, qui ne sont pas ceux du restant de la société, créé un nombre de délits, qui ne le sont pas pour les autres citoyens. Elle punit quelquefois avec sévérité des actions qui, pour être des infractions aux devoirs plus sévères qui sont imposés à l'armée, ne sont cependant pas des violations des lois de la société, et moins encore des délits de la classe de ceux auxquels est attachée une idée infamante. Il y aurait donc de l'injustice à punir ces délits par des peines flétrissantes. En effet il en résulterait que le militaire qui les aurait subies, rentrant dans le sein de la société, après avoir rempli son temps de service, y reviendrait avec une flétrissure, qui porterait atteinte à ses droits civils. Ce serait donc admettre une action directe de la législation militaire sur les droits civils, un empiétement de la loi exceptionnelle sur la loi générale ; et c'est ce que la législation constitutionnelle ne peut ni reconnaître ni même tolérer. Ici se trouve, *quant à l'application des peines*, une limite posée à l'exception de laquelle naît le Code Militaire.

Quant à la troisième question, qui, d'une part, rentré, en quelque sorte dans la première, et de l'autre peut présenter des complications, par l'intervention de quelques citoyens, non appartenans à l'armée, dans des délits militaires, ou commis par des militaires, il est besoin de quelques réflexions préliminaires. Un délit est la violation d'un devoir imposé, et ne saurait être que cela. Dans un état constitutionnel la loi seule peut imposer des devoirs, et en même-temps qu'elle les établit, elle les classe, et détermine, selon la progression de leur importance, les pénalités attachées à leur violation ;

elle détermine en même-temps par qui et comment les violations seront constatées et réprimées. Dans toutes les sociétés, depuis la société politique qui constitue l'état, jusqu'à celle de simple commerce ou d'industrie, il faut que chacun des sociétaires trouve dans l'acte constitutif, les obligations qui lui sont imposées, les dommages que peut lui occasionner leur violation, et le mode et la forme qui doit les établir et les infliger. C'est dans ce sens que dans les états constitutionnels, les deux bases fondamentales du pacte social sont : *que la loi ne punit pas ce qui n'est pas prohibé par elle ; et que nul individu ne peut être soustrait à ses juges naturels.*

Ces principes posés, il en résulte évidemment qu'aucun citoyen, qui n'appartient pas à l'armée, ne saurait dans aucun cas, être jugé par des tribunaux militaires, ni selon les formes et les dispositions du Code Militaire ; car, 1° la loi ne lui ayant imposé aucun devoir *spécial* envers l'armée, ni envers les individus qui la composent, il ne saurait y avoir de sa part aucun délit, qui sorte de la classe commune pour rentrer dans la classe spéciale, à laquelle appartient le Code Militaire. 2° La loi ayant établi, pour connaître des délits qu'il peut commettre, les tribunaux et les formes dont il doit dépendre, il ne peut être assujetti à comparaître devant des tribunaux militaires sans être soustrait à ses juges naturels ; or c'est ce que la loi fondamentale ne permet dans aucun cas.

L'intervention d'un citoyen, qui n'appartient pas à l'armée, dans des délits commis par des militaires, ne saurait changer sa position. Il ne peut perdre son droit aux garanties du pacte constitutionnel, que dans les cas et selon les formes que ce pacte établit.

D'un autre côté, les délits commis par un militaire,

soit contre les autres membres de la société, soit de l'espèce de ceux qu'a prévu le Code Pénal civil, étant des violations de la loi générale établie par elle, doivent être jugés par les tribunaux et selon les formes du droit commun. Je sais bien que relativement aux délits commis par des militaires, envers des citoyens, on voudra objecter que des actes, que les lois civiles qualifient de crime et de délits, peuvent être les conséquences des dispositions prescrites par l'ordonnance militaire, ou d'ordres des Chefs militaires. C'est en effet la jurisprudence qu'on a suivi chez nous jusqu'à ce jour, et qui semble avoir prévalu, *par le droit d'habitude*, ainsi que par la tendance à l'extention de pouvoir, qui n'est que trop au nombre des passions de l'homme qui est revêtu d'une portion d'autorité. Il est fâcheux que nos Tribunaux civils, à l'exemple de ceux de l'Angleterre, n'ayant pas cherché eux-mêmes, dans l'intérêt de l'ordre constitutionnel et de leur propre dignité, à opposer une digue aux empiètemens d'un principe, qui ne peut tendre qu'à légitimer l'arbitraire le plus odieux. Ils étaient appuyés par les principes inviolables du droit commun, et par l'esprit de la Charte. En effet, admettre qu'une disposition de l'ordonnance militaire, qui n'est qu'une mesure administrative exceptionnelle, ou que l'ordre d'un Chef, qui n'est qu'un acte individuel, n'ayant *par lui seul* aucun caractère légal, puisse suspendre ou détruire l'effet de la loi générale, serait, par le fait, déchirer la Charte qui nous régit. Ou, ce droit, accordé à quelques uns, devrait être étendu à tous, puisque tous sont égaux en droits ; et alors nous retomberions dans l'anarchie, qui a précédé l'établissement des sociétés. Ou il resterait exclusivement le partage de ceux qui se le sont attribué, et alors, au mépris de la charte, on créerait des privilégiés et des privilèges, sans au're loi que le caprice.

Ce que je viens de dire, sur la troisième question indique, *quant au mode et aux peines*, les limites posées à l'exception sur laquelle repose le Code Militaire.

Ces principes posés, je vais essayer d'indiquer l'application de leurs conséquences. La législation pénale militaire comprend le Code Pénal de l'armée ; l'organisation et la compétence des tribunaux, et le mode de procédure. Chacune de ces quatre branches principales sera l'objet d'un examen séparé.

SECTION PREMIÈRE.

CODE PÉNAL MILITAIRE.

On peut et l'on doit établir dans le Code Militaire, la même classification qui existe dans le Code Civil, relativement aux infractions que la loi punit.

1° Les *contraventions*, punies par des peines de police.

2° Les *délits*, punis par des peines correctionnelles.

3° Les *crimes*, punis par des peines afflictives ou infamantes.

De même, et par une analogie toute naturelle, les peines afflictives et infamantes, seraient :

1° La mort.

2° Les travaux militaires forcés.

3 Les travaux militaires simples.

4° La réclusion ou détention dans une prison militaire.

5° La perte du grade militaire.

Les peines correctionnelles seraient :

1° La détention à temps dans une prison militaire.

2° Les arrêts soit à la caserne, soit dans la chambre.

3° La suspension des fonctions du grade, pour un terme d'un an au plus.

La peine de mort serait celle d'être passé par les armes, ainsi qu'il est d'usage jusqu'à présent.

La peine des travaux forcés devrait être subie dans des places fortes, où les condamnés seraient employés, *sans fers*, à des travaux spéciaux militaires. Hors le temps des travaux, ils seraient renfermés dans une prison, spécialement destinée à cet objet. Une partie du prix de leurs journées de travail devrait leur être payée pour servir à améliorer leur nourriture, et l'autre partie tenue en dépôt, pour leur être remise à leur sortie.

Les condamnés aux travaux simples, devraient être réunis dans des dépôts, autres que ceux destinés aux travaux forcés. Ils y seraient employés à des travaux militaires, moins pénibles, et à la confection des effets militaires dont ils seraient susceptibles de s'occuper.

Ils seraient logés dans des casernes séparées, entourées d'une enceinte palissadée, dans laquelle ils resteraient consignés hors du temps de leur travail. Il leur serait fourni une ration de pain et de légumes, et une partie du prix de leurs journées de travail leur serait remis en sortant.

Les condamnés à l'emprisonnement, seraient détenus dans des prisons militaires, où ils seraient employés à un des travaux, à leur choix, qui devraient y être établis. Le prix de leurs travaux serait réparti comme il a été dit ci-dessus.

La suspension des fonctions du grade, entraînerait pour les sous-officiers, caporaux ou soldats d'élite, la rétrogradation, pour le temps porté par le jugement, dans un grade ou classe inférieurs, et la perte de la haute paie dont jouissait le condamné.

On a vu ci-dessus que dans le nombre des peines que peuvent prononcer les tribunaux militaires, j'ai compté celle de mort. Loin de désapprouver l'opinion des publicistes qui voudraient voir la peine de mort abolie dans la société civile, je la partagerais moi-même sous plusieurs rapports. D'abord, parce que je ne la trouve point proportionnée à beaucoup de délits auxquels elle est appliquée, et qu'alors elle perd le caractère impassible, peut-être, mais équitable de la vindicte publique, et se présente sous l'aspect de la cruauté ou de la vengeance. Ensuite, parce que je ne crois pas qu'elle atteigne bien le but qu'on doit se proposer en l'infligeant, qui est d'effrayer, non pas le coupable, mais ceux qui seraient tentés de l'imiter. Il faudrait, pour cela, qu'on la revêtît des formes atroces que lui donne souvent le crime, et c'est ce que, heureusement, nos mœurs ne permettent pas. Mais si je crois à la possibilité d'abolir la peine de mort, je ne pense pas que cette réforme philantropique puisse être en entier applicable à l'état militaire. La nécessité de contenir l'armée dans le cercle plus étroit de ses devoirs ; le caractère même d'abus de force, qui se retrouve fréquemment dans les délits des hommes armés, imposent l'obligation de recourir quelquefois à des moyens de répression plus violens.

Mais, si l'on ne peut abolir tout-à-fait cette peine extrême, au moins faut-il diminuer, autant qu'on le peut, le nombre des cas où la loi la prononce ; et c'est à ce but que doit tendre le nouveau Code Militaire. Je pense donc que, hors les cas où la peine capitale est infligée par le Code Pénal général, elle ne devrait être prononcée, dans le Code Militaire, que pour la désobéissance à main armée ou rébellion, la désertion à l'ennemi, et les crimes qui portent le caractère de trahison envers l'État.

On a également vu que j'ai compris la privation du grade militaire ou destitution, au nombre des peines qui ne peuvent être prononcées que par les tribunaux. Le grade, quel qu'il soit, une fois acquis, doit être considéré comme une propriété aussi inviolable que celle des autres citoyens. Ce principe est absolu dans un gouvernement constitutionnel, parce qu'il est le principe conservateur de l'esprit national dans l'armée. Il est inutile de s'étendre ici sur le danger que pourraient courir les libertés publiques, si la faculté de priver les militaires de leur grade, les mettait tous dans une dépendance illimitée des agens du pouvoir exécutif.

Je vais actuellement analyser les différens crimes, délits ou contraventions, qui sont de la compétence du Code Militaire, et essayer de préciser les peines qui peuvent leur être applicables.

Contraventions.

Dans cette classe sont comprises toutes les fautes disciplinaires d'un ordre inférieur, et dont la répression appartient à la police militaire, c'est-à-dire, aux chefs des corps ou fractions de corps. Non-seulement il ne peut y avoir aucun inconvénient à confier aux chefs militaires le soin de punir les petites fautes disciplinaires; mais ce soin doit leur appartenir, car il forme une partie de l'éducation morale du soldat. C'est en le corrigeant avec soin de ses petites erreurs, qu'on parvient à en éviter de grandes.

Les peines à infliger pour les infractions à la discipline militaire, qu'on peut qualifier de contraventions, sont de la même espèce que celles appelées correctionnelles, mais d'une durée moindre. On peut encore y comprendre d'autres peines inférieures à celles que j'ai énoncées ci-dessus, et qui sont assez généralement en usage dans toutes les troupes Européennes. On pourra donc établir les peines de première classe, selon les progressions suivantes :

Les tours de service, de manière cependant à ne pas doubler immédiatement un tour de garde ou de service de nuit, mais en laissant au moins une nuit franche.

Les services du quartier, pour un seul tour à chaque fois.

Les arrêts simples ou consignes au quartier, ou à la chambre, pour un mois au plus.

Les arrêts de rigueur, à la salle de police, pour les sous-officiers et soldats, en séparant cependant les uns des autres; et à la chambre avec sentinelle, pour les officiers, pour quinze jours au plus.

La prison, pour huit jours au plus.

L'application de ces peines doit être réservée au Chef seul, soit Colonel pour un régiment; soit chef de bataillon ou d'escadron, pour un bataillon ou escadron détaché; soit enfin, Commandant d'un poste indépendant du corps , quelque soit son grade. Mais les chefs inférieurs , dans les cas qui demandent une répression instantanée , doivent être autorisés à appliquer un commencement de peine , en en rendant compte au chef , qui , au rapport du lendemain , prononce sur la punition ainsi infligée.

Toute aggravation de ces peines , soit en mettant l'individu condamné à la gêne , soit en le privant de tout ou partie de sa nourriture et de son couchage , ne doit pas être permise. Ainsi, les condamnés à la salle de police , doivent avoir la demie-fourniture ; ceux à la prison , doivent avoir la paille de couchage ; les uns et les autres doivent recevoir leur nourriture ordinaire.

Délits et peines correctionnelles.

Les délits dont la répression est de la compétence des Tribunaux Correctionnels , peuvent être classés de la manière suivante.

Insubordination. —L'insubordination simple est punie trop rigoureusement par le Code Militaire en usage chez nous ; et la peine qui est infligée pour ce délit , tient plus de la barbarie que de la justice. Nous devrions suivre à cet égard , l'exemple de nos voisins , qui ne considèrent la désobéissance ou l'insubordination comme un crime , que lorsqu'elle est accompagnée de circonstances aggravantes , qui en font une véritable rébellion. C'est sur ce principe qu'est fondé le Code Militaire de la Prusse , qui n'est à coup sûr pas au nombre des pays qu'on peut taxer de *jacobinisme*. S'il faut maintenir les subordonnés dans une discipline rigoureuse , il n'est pas moins nécessaire de les garantir des violences brutales de quelques chefs , qui , parce qu'ils portent une épaulette, pourraient se croire trop supérieurs à ceux qui n'en ont pas. Il faut, surtout chez nous, se souvenir que l'armée se compose de citoyens appelés par la loi à remplir un devoir envers la patrie, et non pas de marionnettes sur lesquelles on puisse exercer sa tyrannie. On ne peut pas se dissimuler que beaucoup d'actes d'insubordination simple et même avec injures ou menaces, ne soient le fruit d'injures, de menaces ou de sévices de la part du chef offensé. Il est des hommes qui, se mettant bonnement à la place de la loi, se croient personnellement offensé par les fautes de leurs subordonnés, et ne savent pas punir, sans accompagner le châtiment d'épithètes ou d'injures. J'en ai vu un trop grand nombre d'exemples (1), et il en a résulté la perte de beaucoup de bons soldats, qui auraient bien servi, précisément par le sentiment d'honneur et de délicatesse qui avait causé leur perte. Il faudrait que tous les officiers et même les sous-officiers se pénétrassent bien de l'idée que leur autorité n'est point un privilége inhérent à leur personne, mais simplement un droit délégué par la loi, au grade dont ils sont revêtus ; que ce droit n'est que temporaire et cesse avec l'activité de service, en sorte que le chef et

---

(1) Pour n'en citer qu'un seul, je me contenterai du suivant : Un soldat condamné à la garde du camp, s'y rendait seul, mais assez lentement comme de raison. Le caporal qui l'avait condamné, trouvant qu'il n'allait pas assez vite, le stimula d'abord par des épithètes avilissantes, et jugea ensuite plus efficace de hâter sa marche à coups de pied. Le soldat indigné, lui appliqua un soufflet. Après avoir traîné six mois en prison, par différentes circonstances, il fut traduit devant un tribunal que je présidai. Le droit de défense légitime, évident dans ce cas, ayant été reconnu, il fut absous, sur la considération que le temps qu'il avait passé en prison était une peine plus que suffisante.

le subordonné, rentrés dans la société, s'y retrouvent égaux en droits. Et que si là, il se trouve une inégalité, ce sera peut-être le ci-devant chef qui sera l'inférieur, sous le rapport de l'éducation et de l'instruction, seuls titres de supériorité personnelle. Au reste, ce sont précisément ceux qui se trouvent dans ce dernier cas, qui presque toujours abusent de leur supériorité momentanée. C'est donc à la loi à remédier à un abus directement contraire à l'esprit de la loi fondamentale et à celui de la société.

Je pense donc que les injures, mauvais traitemens ou sévices des chefs, à l'égard de leurs subordonnés, doivent être prévus et réprimés par la loi, car ils constituent un abus de pouvoir, qui est lui-même une insubordination à la loi. Les injures et mauvais traitemens simples doivent être mis au nombre des contraventions, que le chef supérieur punit par mesure de police ; mais leur récidive doit être considérée comme un délit de la classe correctionnelle, et passible d'une peine qui peut s'étendre jusqu'à six mois de suspension du grade et même d'emprisonnement (1).

Les sévices ou coups portés aux subordonnés constituent un délit qui devrait être puni d'une peine dont le *maximum* pourrait être deux ans de prison, s'il s'en est suivi des blessures qui empêchent l'individu d'agir pen-

---

(1) Il est nécessaire d'admettre, pour la répression des délits militaires, un *maximum* et un *minimum* de peines, comme dans le Code Civil ; car le législateur peut bien déterminer, pour chaque délit les circonstances qui l'aggravent, mais il lui est impossible de prévoir toutes celles qui peuvent concourir à l'atténuer. La loi, en établissant chaque peine, doit en déterminer le *maximum* et le *minimum*, afin de laisser au juge une latitude, dont l'humanité a souvent besoin.

dant plus de 21 jours. Si le subordonné est estropié, ou que la mort ait suivi, il y a crime, et la répression est du ressort des tribunaux.

Dans tous les cas où l'insubordination d'un individu serait la suite d'injures ou sévices du supérieur, cette circonstance doit être évaluée en faveur du premier, et même, selon la gravité du cas, effacer le délit, à titre de défense personnelle.

D'après les principes que je viens de développer, on pourrait donc ranger l'insubordination individuelle, toutes les fois qu'elle n'est pas accompagnée de voies de fait, au nombre des délits simples, punis d'une peine correctionnelle. Ce délit me paraît assez puni, par la simple détention ou prison, pour un an au plus, mais en descendant jusqu'à un mois ou même à zéro, selon les circonstances atténuantes qu'il peut présenter. Quant à l'insubordination combinée, elle constitue, au moins de la part du chef, un crime dont je m'occuperai plus bas.

Le dépouillement des morts sur le champ de bataille, lorsqu'il n'est point autorisé par les chefs, n'est qu'un délit, dont le maximum de la peine paraît suffisamment établi à un an de détention. Quant à celui des individus encore vivans, nous le retrouverons à l'article des crimes.

Avoir enlevé chez l'habitant, des vivres en fraude, est un délit déjà qualifié et puni de trois à six mois de prison, par la loi du 12 mai 1793. Il en est de même de la vente des rations de fourrages, qu'un militaire ou employé aurait reçues en nature, et dont la peine peut être réduite à six mois de prison au *maximum*.

La maraude simple est un délit de même nature que le précédent, lorsqu'elle est individuelle et exercée par de simples soldats. Mais lorsqu'elle a lieu en troupe, à main armée, que des chefs s'y sont joints et l'ont commandée, elle devient un crime.

L'absence illégale des employés à la suite des armées, est un délit, dont la peine, naturellement indiquée par le fait même, doit être la privation de l'emploi.

La simple négligence des employés, dans la garde et la conservation des denrées qui leur sont confiées et à remplir les devoirs qui leur sont imposés, n'est qu'un délit correctionnel, qui peut être puni par la simple détention ou prison, jusqu'à six mois au plus, sans préjudices des dédommagemens pécuniaires qui pourraient être dus à l'état. Mais les circonstances aggravantes, qui peuvent accompagner cette négligence, peuvent aussi lui donner le caractère d'un crime, lorsque le service se trouverait gravement compromis.

L'insulte faite à une sentinelle, lorsqu'elle est individuelle, et qu'elle n'est accompagnée d'aucune voie de fait, ne saurait être qu'un délit que six mois de prison, au plus, peuvent expier. Si l'insulte est faite par plusieurs individus, elle rentre dans la classe des attroupemens, et elle doit être rangée au nombre des crimes.

Mais si une sentinelle doit être inviolable, il ne faut pas que cette inviolabilité devienne un abus. Toute insulte ou menace de la part d'une sentinelle non provoquée, est un délit, qui peut être puni de trois mois de prison, au *maximum*. S'il y a eu de la part de la sentinelle des voies de fait, qui n'ayent pas été nécessitées par la défense légitime, ou la violation de son poste, il y a crime. Tels sont, je crois, les principaux délits qui devraient être justiciables des tribunaux correctionnels.

Crimes.

Je commencerai par la désertion, qui, de tous les délits militaires, me paraît avoir été traité jusqu'à présent avec le plus de sévérité; je dirais même avec plus de dureté. Il semble que nos Codes ayant conservé, à cet égard, tout l'esprit des temps où les armées ne se composaient que de mercenaires, qu'on ne pouvait retenir sous les armes, que par la terreur des châtimens. A l'époque où furent rédigés les trois Codes, dont les dispositions combinées forment la législation actuelle (12 mai 1793, 21 brumaire an v et 19 vendémiaire an xii), l'état de guerre forcée, où se trouvait la France, pouvait, sinon légitimer, au moins excuser les dispositions qu'ils contiennent. Il y avait et il y a dans ces dispositions une absence de proportion, entre la peine et le délit; un oubli des principes de droit public déjà reconnus et de ceux sur lesquels est fondée la loi de la conscription, qui avait besoin, pour être tolérée, d'être appuyée par la plus impérieuse nécessité. Mais depuis que la paix est rétablie, aucun motif ne saurait plus s'opposer à ce qu'on efface un disparate choquant pour nos mœurs et nos institutions. Il y a plus, le législateur de l'an v, en décidant, (art. 1ᵉʳ de la loi du 13 brumaire), que les *conseils de guerre*, qu'il créait, *cesseraient à la paix*, a exprimé assez clairement que son intention était, *qu'à la même époque*, cesserait également la législation sur laquelle ils étaient fondés. Ainsi, depuis le 20 octobre 1815, l'existence légale des conseils de guerre a cessé, et a dû entraîner la fin de la législation jusqu'alors existente. Depuis lors, cependant, l'armée, cette portion intéressante de la nation, est restée sous un régime illégal; un grand nombre des citoyens qui la composaient ont été envoyés à la mort ou condamnés à d'autres peines, par des réunions arbitrairement convoquées, sous le nom de tribunaux, et *à qui la loi n'avait pas donné le droit de juger*. Il est temps qu'un abus pareil cesse, et que le caprice des agens du gouvernement fasse place aux dispositions de la Charte et à l'ordre légal.

La désertion d'un militaire cause à l'état et à ses concitoyens, qui seraient appelés à le remplacer, un dommage, qui exige une réparation pénale. Mais il faut une proportion entre le délit et la peine, de même qu'entre les différens dégrés du délit. C'est ce qui n'existe pas dans le Code actuel ; et pour n'en citer qu'un exemple, je me contenterai du suivant. Un conscrit qui déserte à l'intérieur, est puni de trois ans de travaux publics, s'il déserte désarmé ; et *de mort*, s'il emporte son fusil, (19 et 22 vendémiaire an XII). Cependant, dans la circonstance aggravante, de ce qu'il déserte armé, il n'y a que la *présomption de possibilité* du crime, dont l'existence seule pourrait emporter la peine de mort. Où jamais a-t-on vu la possibilité présumée, c'est-à-dire établie au hazard, équivaloir à l'acte criminel, ou même à l'intention avouée ? Autant vaudrait condamner à mort l'individu porteur d'un fusil, et arrêté sans être muni d'un permis, parce qu'il serait possible qu'il commit un assassinat.

Le crime de désertion, considéré dans toutes ses circonstances, me paraît présenter la classification générale suivante : 1° désertion à l'intérieur et en temps de paix, d'un conscrit, ce qui n'est en dernière analyse qu'un dommage causé à ses concitoyens et qui peut être réparé à prix d'argent. 2° Celle d'un remplaçant qui, à ce pre-

nier délit , ajoute un vol fait à celui qu'il remplace.
3° Celle en temps de guerre, soit d'une garnison inté-
rieure, soit de l'armée ou d'une place forte ; ce qui est
un délit contre la sûreté de l'État. 4° Celle à l'étranger,
qui enlève un citoyen à l'État. 5° Celle à l'ennemi, qui
est, ainsi que je l'ai déjà dit, une trahison.

Cette classification posée, voici à mon avis les peines
que pourrait, avec équité, prononcer le Code Militaire.
J'en indiquerai le *maximum*, dont la moitié pourrait
être le *minimum*.

Désertion à l'intérieur, en temps de paix, d'un conscrit. Pour la première fois (1), un an de travaux simples ;
pour la seconde deux ans ; pour la troisième trois ans.
La première et la seconde fois , il rentrerait à son corps,
en perdant son temps passé de service ; à la troisième il
serait libéré. Chacune des deux circonstances aggravantes , d'être de service , ou d'avoir escaladé les remparts
et d'avoir emporté ses armes , pourrait produire une
augmentation de la moitié de la peine. Cette même proportion d'accroissement serait suivie dans les autres cas.

---

(1) C'est la peine adoptée par le Code Militaire prussien , qui, sous
ce rapport, peut nous servir d'exemple. Moi-même, pendant plus de
trente ans que j'ai été chef de corps, ou officier-général, j'ai été à portée d'apprécier les effets de la douceur à l'égard des conscrits déser-
teurs, et de juger du nombre d'hommes qui peuvent être sauvés par là
Liés par la loi du 19 vendémiaire an XII, promulguée en Italie, nous
étions forcés de condamner. Le prince Eugène consentit à ce que nous
retardassions les jugemens, et que nous détruisissions les procédures
contre ceux qui, se rendant à nos sommations, se présenteraient vo-
lontairement. Soixante-un rentrèrent ainsi dans une seule année, et
servirent avec zèle et fidélité. Un même, fait sergent six mois après avoir
ainsi été gracié, sut bientôt mériter l'épaulette et la décoration, par un
trait brillant de valeur et d'intelligence.

Désertion de même d'un remplaçant. La première fois deux ans de travaux simples ; la seconde fois quatre ans, en recommençant chaque fois son temps de service. La troisième fois quatre ans de travaux forcés et son renvoi du service.

Désertion, en temps de guerre, d'une place, garnison ou cantonnement de l'intérieur, sans distinction, la même peine que la précédente.

Désertion, en temps de guerre, de l'armée ou d'une place qui en dépend. Pour la première fois, quatre ans de travaux simples, en recommençant le temps du service ; la seconde fois six ans de travaux forcés, et le renvoi.

Désertion à l'étranger. Les travaux forcés pour un temps égal à celui du service.

Désertion à l'ennemi. La peine de mort.

Si la désertion n'est pas individuelle, le chef, ou le promoteur, ou à son défaut le plus élevé en grade, ou le plus ancien de service ou d'âge, serait puni d'une peine double à celle correspondante à l'espèce de désertion, sous le rapport du temps, mais qui serait toujours celle des travaux forcés. Les autres individus subiraient la peine simple.

Les crimes qui portent le caractère de trahison envers l'État, me paraissent se réduire aux suivans ; Chercher, en présence de l'ennemi, à jeter le désordre ou l'épouvante dans les rangs par des clameurs alarmantes ou séditieuses, — Causer sciemment la surprise et la perte du poste que l'on commande, et compromettre la sûreté de l'armée, en donnant de fausses consignes ou en ne rendant pas compte des mouvemens de l'ennemi, qu'on aurait appris, et qui pourraient les menacer. — Taire les découvertes intéressantes, qu'on aurait fait dans une reconnaissance. — Communiquer à l'ennemi le mot d'ordre, ou en général entretenir avec lui une correspondance quelconque. — Enclouer sans ordre ou sans motif légitime, ou briser et mettre hors de service des bouches à feu, ou voitures d'artillerie ou des équipages.

A ces crimes évidens, on peut encore en ajouter deux, dont la punition peut paraître un peu sévère, mais n'en est pas moins d'une nécessité reconnue, par tous ceux qui ont fait la guerre. Le premier est celui du commandant d'une place forte, qui sans avoir consulté le conseil de défense, et contre l'avis de la majorité, capitule avant que la brèche ne soit ouverte, ou qu'il n'ait soutenu un assaut. Le second est celui de l'intendant en chef d'une armée ou corps d'armée, qui, pouvant pourvoir aux besoins des troupes, en vivres et fourrages, ne l'a pas fait, ou qui, ne pouvant le faire, n'en a point instruit à temps le général en chef.

A la suite des crimes de trahison, viennent ceux qualifiés d'espionnage ou embauchage. Il se présente ici un double dégré de culpabilité, selon que le prévenu est national et étranger, et la justice veut que la punition du premier soit plus sévère que celle du second.

L'embaucheur ennemi, excitant les militaires à un crime, qui entraîne la peine capitale, doit être puni de la même peine.

L'embauchage d'un étranger, non ennemi, est un crime qui doit être puni par les travaux forcés à temps, mais jugé par les tribunaux civils.

Il en est de même de l'embauchage exercé par un français, et prévu par le Code Pénal.

L'espionnage exercé par un français est également prévu par le Code Pénal.

Quant à l'espionnage exercé par un sujet ennemi, la peine de mort est évidemment disproportionnée, et l'usage avait prévalu de les retenir en prison, jusqu'à la paix. Cette disposition est celle que devrait adopter le Code Militaire.

Les crimes compris sous le titre de pillage, dévastation, incendie et viol, rentrent dans le droit commun et doivent être punis de peines analogues à celles du Code Civil, c'est-à-dire, que les coupables condamnés pour ces faits, soit à la réclusion, soit aux travaux forcés, doivent être exclus de l'armée et subir leur peine avec les autres coupables de crime envers la société. Quant à la durée de ces mêmes peines, lorsque le crime a été commis individuellement, elle pourrait être établie à une fois et demie celle fixée par le Code Civil.—Si le crime n'a pas été commis individuellement, le plus élevé en grade, ou le plus ancien de service ou d'âge, devrait être condamné à la peine de mort. Le dépouillement des blessés ou autres individus vivans, sur le champ de bataille, doit être considéré comme un vol fait à main armée; et s'il est suivi de violences ou d'homicide, comme un assassinat.

La maraude devient un crime dans les cas suivans : Lorsqu'elle se fait par un chef militaire et lorqu'elle se fait en troupe. Si un chef d'un grade quelconque se livre individuellement à la maraude, outre la peine correctionnelle attribuée aux soldats pour ce délit, il doit être destitué de son grade; et, s'il est sous-officier, passer à la queue de sa compagnie pour y continuer son service. Si le chef a conduit sa troupe à la maraude, il doit être puni de quatre années de travaux forcés militaires et exclus du service.

Le vol commis par des militaires étant prévu par le Code Pénal, doit être puni des peines qui y sont portées, dans les différentes circonstances qui y sont indiquées. Le vol commis par un soldat envers ses camarades doit être assimilé au vol domestique, ainsi que celui qu'il commet envers l'État, en vendant ses effets militaires. À cette même classe doit également appartenir le vol commis par des employés à la suite de l'armée, d'effets destinés au service et de denrées commises à leur garde, qu'ils auraient détournés ou vendus à leur profit. Quoique le crime des employés des vivres et fourrages qui altèrent le poids des rations, soit prévu par l'art. 423 du Code Pénal, comme il y a double délit, au détriment de l'État et des troupes, la peine qui y correspond est plutôt celle portée par l'art. 386. Les altérations ou falsifications des denrées distribuées aux troupes, sont également prévues par l'art. 387 ; mais la circonstance aggravante que ces falsifications, non seulement à l'armée, mais encore plus dans une place assiégée, peuvent avoir les plus terribles conséquences, et en ont toujours d'assez fortes, augmente l'importance du délit. Le *maximum* de la peine doit donc pouvoir s'étendre jusqu'à vingt ans de travaux publics.

Les infidélités commises par les membres de l'intendance, dans l'exercice de leurs fonctions, et dans la confection des états de solde ou de distributions, rentre dans la catégorie des soustractions et concussions, etc., commises par des fonctionnaires publics, et doivent être passibles des peines portées au Code Pénal, art. 169 et 183.

Le crime de faux, commis par l'individu qui porte au-delà de l'effectif les états de situation, sur lesquels il doit recevoir la solde ou les vivres de ses subordonnés, doit être assimilé à celui prévu par l'art. 156 du Code Pénal, et puni des mêmes peines. Mais si l'état présenté porte une fausse signature, il y a faux en écriture publique, et la peine à appliquer doit être celle prononcée par l'art. 147.

Sous le titre de l'insubordination, notre Code Militaire actuel comprend des délits qui ne le sont que de lâcheté. Si, malgré la différence de leur principe, on a pu les confondre sous le rapport de la nomenclature, il n'en est pas moins nécessaire de les séparer, sous le rapport de la pénalité. C'est ce que je vais essayer de faire.

La lâcheté n'est point un délit *absolu*, reconnu comme tel par les lois générales de la société ; mais elle est un délit relatif aux devoirs de l'individu, comme militaire ; et son importance augmente en raison des circonstances dans lesquelles le délit est commis. La fuite d'un militaire devant l'ennemi, est un acte de lâcheté d'une nature aggravante, auquel la législation actuelle a déjà appliqué un remède instantané. Elle reconnaît en effet (loi du 21 brumaire an v, tit. xiii, art. 16) au chef, dans ce cas, le droit de frapper et même de mettre à mort son subordonné. Ce droit n'est que tacitement exprimé, et il conviendrait qu'il le fût explicitement, car la loi ne doit jamais se contenter de tolérer ; elle doit ordonner ou prohiber. Quant aux individus qui échapperaient à la surveillance du chef, et qui ne pourraient être punis qu'après l'action, la peine à leur infliger est celle de la désertion d'une armée, en temps de guerre, car tel est leur délit.

Si la fuite devant l'ennemi n'est pas individuelle, c'est-à-dire qu'une troupe ait abandonné son poste en masse, ce crime prend le caractère de désobéissance combinée ou de révolte en corps.

Le refus de marcher à l'ennemi, soit qu'il parte d'un individu ou d'une troupe, doit être qualifié de même que la fuite.

L'insubordination individuelle, accompagnée d'injures ou de voies de fait, non provoquées par le supérieur, est un crime qui touche à l'existence de l'armée, et qui constitue un des motifs pour lesquels la législation militaire doit être exceptionnelle. Elle peut et doit être qualifiée de révolte, et elle doit être punie de mort, lorsque les voies de fait ont eu lieu au moyen d'une arme quelconque, capable de produire des blessures ou la mort. Hors de là, la peine capitale me parait inapplicable, sans sortir des limites de toute équité, et constituer le subordonné en quelque sorte l'esclave de son chef.

Lorsque le subordonné, coupable de voies de fait, n'a fait usage que de ses membres, pour seules armes, la peine des travaux militaires forcés, d'un an jusqu'à quatre, me parait bien suffisante.

L'insubordination, provoquée par des sévices du chef, présente nécessairement une circonstance atténuante et excusatrice, puisque les sévices du chef sont un délit dont il se rend coupable. Si le subordonné a opposé des voies de fait à des injures, il est certainement coupable, mais il ne saurait encourir le *maximum* de la peine. S'il a opposé des voies de fait à des voies de fait, il est dans une position encore plus favorable, et ne saurait être passible du *minimum* de la peine, que dans le cas où les voies de fait n'étaient pas nécessaires à la défense. Mais si l'aggression du chef a obligé le subordonné à recourir à une défense légitime, ce dernier ne saurait être condamné ; ainsi que je l'ai déjà dit plus haut. Les voies de fait d'un chef envers son subordonné, si elles sont suivies de la perte d'un membre ou de la vie, constituent un crime. C'est celui prévu par le Code Pénal (tit. II, chap. I, sec. I et 2), et qui doit être passible des mêmes peines.

Jamais un chef ne peut être obligé à se prendre de corps avec son subordonné, puisqu'il a la force à sa disposition pour se faire obéir. Je ne l'ai jamais souffert dans les corps que j'ai commandés ; et le subordonné qui méconnaissait la voix de son chef, était saisi par la garde quelque temps plus tard. Il y a une espèce de bassesse, de la part de celui qui est armé de la puissance de la loi, à se commettre corporellement avec celui qui ne peut manquer d'être contraint à obéir.

La désobéissance combinée est un crime capital, selon les lois mêmes de la société ; mais l'alliance qui doit exister entre l'humanité et une juste sévérité, ont toujours fait réduire cette peine aux seuls auteurs du complot, au nombre desquels sont de droit les officiers et sous-officiers, qui auraient dû l'empêcher ou se retirer. Comme la force est, dans tous les cas, nécessaire pour dissiper un attroupement pareil, il faut conserver aux supérieurs le droit que leur donne la loi actuelle (21 brumaire an III, tit. VIII, art. 5), d'employer, après les sommations préalables, tous les moyens de répression qu'ils jugeront nécessaires.

Il en est de même du crime que commet une troupe en quittant son poste en masse devant l'ennemi. Il est des cas où l'un et l'autre de ces crimes peuvent entraîner des conséquences graves , telles que la perte d'une bataille, d'une place, d'une armée, d'une province , etc. Dans ce cas il faudrait que la loi , outre la punition des chefs , permit encore de décimer la troupe et même d'imposer une punition disciplinaire, ou un châtiment moral , à ceux que le sort aurait épargné.

Les délits et les crimes commis par des prisonniers de guerre ou par les habitans du pays ennemi , occupé par nos armées , ont toujours été établis par le Code Militaire et jugés par les tribunaux militaires. Il est en effet difficile d'établir une autre jurisprudence. Mais c'est ici surtout où il faut apporter dans la législation militaire la plus sévère attention et la plus stricte équité. Le Code , suivi jusqu'ici, n'a guère été que celui du plus fort. Le principe sur lequel il repose, né dans des temps et chez des peuples barbares, et dont nous ne nous sommes pas encore guéri, est celui que *le vainqueur a droit de vie et de mort sur le vaincu*. Ce principe ne saurait plus subsister avec le droit public généralement reconnu, et qui ne permet ni le meurtre, ni la dévastation, ni l'esclavage. Il est encore une considération qui doit nous diriger, dans le droit de guerre que nous voulons admettre. C'est celle d'éviter que des mesures pareilles , adoptées par une réprésaille naturelle, ne réagissent sur nous-mêmes, et n'étouffent dans notre population le désir de concourir à la défense de la patrie, en servant d'auxiliaires aux armées.

La sûreté de nos armées en pays ennemi, exige des précautions répressives; mais, par là même, nous donnons souvent le nom de crimes, parce qu'ils sont dirigés contre nous, à des actes que nous récompenserions comme des vertus, dans nos concitoyens. En général il n'y a de véritables crimes, de la part de nos ennemis, que dans les actes que la société reconnaît comme tels dans tous les temps, comme l'assassinat, l'empoisonnement, l'incendie, la trahison. Les efforts d'un peuple envahi, pour résister à ses invaseurs, ou s'en débarrasser par la force des armes, seront toujours caractérisés comme des traits d'héroïsme dans l'histoire. Les cruautés employées pour les commettre, ne flétrissent que leurs auteurs.

La révolte des habitans du pays ennemi que nous occupons, et qui prennent les armes pour nous combatte en champ ouvert, n'est qu'une guerre légitime. Ils ont droit de notre part au même traitement que les troupes régulières. Mais, dira-t-on, l'occupation paisible d'un pays ennemi ne sera pas possible, si on ne peut en comprimer les habitans par la terreur. Eh bien ! quel dommage en résulterait-il pour l'humanité ? D'ailleurs plus d'un exemple a prouvé que le meilleur moyen de se maintenir en pays ennemi, était celui d'être juste et humain.

Quant aux prisonniers de guerre, il paraîtra sans doute, à tout homme raisonnable, que notre législation à leur égard est non-seulement dure, mais même barbare. Leur évasion est punie de six ans de fers ; leur mutinerie l'est par la mort. Où est la proportion entre la peine et le délit ? Il me semble que c'est bien assez que de renfermer plus étroitement, pendant quelque temps, ceux qui sont repris, s'étant évadés, ceux qui le tentent, ou ceux qui se mutinent. Le plus qu'on puisse faire, à l'égard des chefs de complot, est de les détenir un peu plus long-temps, et de les séparer des autres. Ce

n'est pas dans un pays où l'on se glorifie d'institutions
libérales, et où la liberté civile est regardée comme inviolable, qu'il est permis de professer une espèce de
mépris pour celle de ses voisins, fussent-ils même ennemis.

Il ne me reste plus à parler que des délits des militaires envers les citoyens. La législation actuelle, en les
plaçant dans la compétence des conseils de guerre, les
a rangés parmi les délits militaires. Mais d'où peut
naître cette attribution ? En vain chercherait-on dans
le droit public reconnu, un principe qui puisse la jus-
tifier : tous y sont contraires.

Les tribunaux et les juges établis par la législation
générale de l'état, ne le sont pas seulement pour con-
condamner, ils le sont également pour protéger. Car ce
n'est que de la protection des droits que naît la punition de ceux qui les violent. C'est donc à eux que le citoyen lésé dans ses droits doit s'adresser, et c'est d'eux
qu'il doit attendre protection ou réparation. Mais ce
n'est que d'eux seuls, juges de la loi commune, et par
conséquent ses juges naturels, qu'il doit l'attendre et à
eux seuls qu'il peut la demander. La disposition qui
existe dans la loi fondamentale, qui ne pourrait pas ne
pas y être, et qui défend de le soustraire à ses juges naturels, défend également qu'on le force de s'adresser à
d'autres tribunaux qu'à ceux qui sont institués pour lui.
Bien moins encore, peut-elle admettre que ce soit à des
tribunaux exceptionnels, établis par une législation exceptionnelle elle-même.

Le Code Militaire ne comprend et ne peut comprendre que les délits militaires, c'est-à-dire ceux qui, étant
nés de la violation des devoirs particuliers imposés à

l'armée, sortent du Code commun de la société. Les tribunaux militaires ne peuvent donc connaître que de ceux-là. Tous les autres appartiennent au Code Civil et aux tribunaux établis pour tous. Les délits commis par des militaires, envers les citoyens, ne sont et ne peuvent être que des violations des droits que la loi fondamentale attribue à ces derniers. Leur réparation doit donc être écrite dans le Code Pénal des citoyens, et appliquée par les tribunaux de la loi générale.

Mais, dira-t-on, un délit commis par des militaires, envers des citoyens, peut avoir pour motif un ordre donné aux premiers par leurs chefs. C'est donc aux tribunaux militaires à juger s'il y a eu violation de la loi militaire. L'absurdité de ce raisonnement, quoiqu'on ait voulu le faire sonner bien haut, est facile à démontrer. Pour qu'une conséquence soit juste, il faut d'abord que le principe duquel elle est déduite le soit aussi. Nous allons voir si le cas actuel se présente ainsi :

D'abord un chef militaire a-t-il le droit de donner un ordre qui viole les dispositions de la loi fondamentale, ou qui lèse les droits qu'elle a établis ?.... Non ! et s'il le fesait, il serait criminel et passible des peines prononcées par la loi générale...... En second lieu, la loi exceptionnelle qui régit l'armée peut-elle avoir sur la loi générale l'effet d'en détruire ou d'en suspendre les dispositions, et de violer des devoirs ou des droits qu'elle établit ? Non sans doute, ... car alors la loi générale serait soumise à l'exception, ou plutôt elle cesserait d'exister : la loi militaire régirait seule, et la nation serait soumise à l'armée.

Il n'y a donc aucun cas où un ordre émané d'un chef militaire puisse, *par lui-même,* légitimer, dans un militaire, un acte que la loi générale qualifie de délit ou de crime. Il ne le peut que dans les circonstances et selon les formes voulues par la loi, au nom de la loi, et sous la direction des magistrats qu'elle institue.

De ce principe incontestable, il résulte qu'il n'est aucun délit des militaires envers les citoyens, qui ne doive être jugé selon le Code Pénal et les tribunaux civils. Qu'une sentinelle qui fait feu sur un citoyen hors des cas de défense légitime, est coupable d'homicide, sans pouvoir être excusée par sa consigne, si ce n'est pour rendre l'auteur de la consigne complice ou auteur du délit. Car la première consigne est la loi fondamentale, qui prévaut sur toutes les autres. Qu'un officier ou autre chef, qui ordonne à sa troupe de faire feu sur les ci-toyens, lorsqu'il n'y a pas de rassemblement, ou même dans ce cas, sans l'invitation du magistrat, après que celui-ci a fait les sommations voulues par la loi, est également criminel ; et que l'ordre qu'il a reçu d'un autre chef militaire ne fait qu'établir la culpabilité de ce dernier.

SECTION II.

ORGANISATION DES TRIBUNAUX MILITAIRES.

Dans la législation militaire comme dans la législation civile, l'équité et la raison veulent que les juges soient indépendans, afin de pouvoir toujours obéir à la justice. Il faut même que cette indépendance soit absolue ; qu'ils n'aient plus rien à craindre ni à espérer du gouvernement et de ses agens ; que leur sort soit fixé d'une manière certaine et irrévocable ; que non-seulement leur existence personnelle soit intangible, mais que leur emploi même soit inamovible. C'est ce qu'on ne trouve pas dans la composition actuelle des conseils de guerre, et ce que n'atteignait pas le projet de loi présenté à la Chambre des députés, dans l'avant-dernière session.

L'indépendance fictive dont parlait ce projet, et que le Ministre prétendait avoir établi *sous le rapport de la désignation*, non-seulement est insuffisante, mais elle n'existait pas même. Elle n'existait pas, puisque le gouvernement se réservait le droit, *en certains cas*, de nommer et de révoquer le président; et il n'est aucun militaire qui ne connaisse toute l'influence que crée un droit pareil. Elle était insuffisante, puisque le président, qui se présentait comme l'organe des volontés de l'autorité, ne pouvait manquer d'exercer une influence irrésistible sur des subordonnés, qui ont tout à espérer ou à craindre de cette autorité, quelque fut d'ailleurs le mode de leur choix.

Pour que l'indépendance nécessaire aux juges soit réellement assurée aux Tribunaux militaires, il faudrait qu'ils fussent composés, au moins pour la justice criminelle, de militaires en retraite, qui recevraient à cet effet la solde de disponibilité, et dont les places seraient inamovibles. Alors seulement ils seraient dans une position qui leur permettrait de suivre leur conscience, sans crainte. Quant à l'étude des lois qui composent le Code Militaire, leur temps de service et leur expérience leur donnerait un avantage, à cet égard, sur de jeunes militaires, en même temps que leur âge et leur position leur donneraient la sage prudence et l'impartialité dont ils ont besoin.

Une des garanties les plus importantes du Code constitutionnel, est que tout accusé soit jugé par ses pairs. C'est de ce principe qu'est née l'institution du jury. Il serait à désirer qu'il put être appliqué, dans toute son étendue, à la législation militaire. Mais la constitution de l'armée, et le système hiérarchique qui y est indispensable, exigent des exceptions : un soldat accusé d'un délit de discipline, ne peut être jugé par des soldats seuls. Cependant, comme l'exception, sur laquelle repose le Code Militaire, ne doit pas s'étendre au-delà de ce qu'exige le maintien de l'organisation et de la discipline, il faut se rapprocher le plus possible du principe que je viens d'énoncer. Le moyen d'y parvenir se trouve dans la fixation de la majorité nécessaire pour condamner, telle que l'établit la législation militaire actuelle. Cette majorité est celle de cinq votes sur sept. Il suffit donc de trois votes pour l'absolution du prévenu, et il en résulte qu'il est jugé par ses pairs, s'il y en a trois parmi les juges.

Le projet de loi, dont il a déjà été question, réduisait à *six* le nombre des juges, à *quatre* la majorité pour condamner, et à *un* le nombre des juges du grade de l'accusé, jusqu'à celui de chef de bataillon inclus. Cette disposition mentait à toutes les protestations d'équité, qui l'avaient précédé ; elle diminuait les chances en faveur du prévenu, et ouvrait la porte à l'arbitraire. D'abord elle réduisait à 4/6 les chances de condamnation, qui étaient à 5/7, et elle diminuait les probabilités de faveur, en portant les chances d'absolution à 3/6 au lieu de 3/7. En second lieu, si l'on réfléchit que ce sont principalement les grades inférieurs qui, en matière de discipline, sont les plus exposés aux abus d'autorité, on se persuadera facilement qu'en n'admettant qu'un seul juge, parmi leurs pairs, on détruit toutes les chances favorables pour eux. Le ministre avait admis en principe, que *jamais l'inférieur ne doit juger le supérieur*. Je n'examinerai pas tout ce que ce principe peut avoir de sophistique. Dans le sens absolu il est le fruit d'une tendance qui n'est pas celle de la Charte, et qui n'attendrait que des *interprétations* pour se développer. Mais ce que je dois observer, c'est qu'il n'a pas été appliqué dans son sens vrai, soit qu'on ne l'ait pas compris, soit qu'on l'ait employé sans intention. Ce principe signifie évidemment que, les inférieurs de grade à un accusé ne doivent pas se trouver, parmi les juges, en nombre suffisant pour le condamner ; c'est-à-dire, cinq sur sept, ou quatre sur six ; et il ne signifie que cela.

Une autre garantie de bonne justice qui existe dans l'ordre civil, et dont les militaires ne doivent pas être privés, est la faculté d'appeler d'un jugement au tribunal d'un ordre supérieur. Cet appel utile, afin de pouvoir réformer par le fonds un jugement trop sévère, l'est encore plus pour la conservation des formes protectrices de la défense des accusés. La gradation d'appel n'est pas difficile à établir, d'après le développement et la classification des délits et de leur nature.

Ces principes généraux posés, nous allons voir quels sont les tribunaux militaires que réclame leur application, et quelle doit en être la composition.

Le tribunal inférieur est celui de simple police disciplinaire, dont nous avons vu que les fonctions doivent être remplies, dans l'armée, par les chefs de corps ou de détachemens isolés.

Immédiatement au-dessus seraient les Tribunaux correctionnels, autrefois appelés Conseils de discipline, et qu'il serait nécessaire de rétablir. Les délits de l'espèce correctionnelle sont les plus fréquens, et les peines qui y sont affectées n'ont pas une influence sensible sur l'existence physique ou morale de l'individu qui les subit. Il résulte de ces deux motifs qu'il n'y a aucun inconvénient à les faire juger dans les corps mêmes, et, qu'en se dispensant de faire traduire les accusés devant les tribunaux criminels, on évite des transports nuisibles aux prévenus mêmes, dont ils prolongent la captivité et les désagrémens.

Le type fictif des Conseils de discipline pourrait être fixé comme il suit :

Un chef de bataillon ou d'escadron, président.

Un capitaine.

Un lieutenant.

Un sous-lieutenant.

Un sergent, ou maréchal des logis.

Un caporal, ou brigadier.

Un soldat.

Pour former le tribunal effectif qui devrait juger un prévenu, on y placerait trois individus de son grade, en supprimant par la queue les membres excédans le nombre de sept. Un capitaine y ferait les fonctions du commissaire du roi, un lieutenant celle de rapporteur, et un sergent celle de greffier.

Les membres du conseil de discipline seraient nommés à *l'ancienneté* et à *tour de rôle* dans chaque grade, sans qu'aucun puisse se dispenser d'y siéger à son tour, à moins d'empêchement légitime, ni ne puisse en être exclus, sous quelque prétexte que ce soit. Cependant celui qui a porté la plainte, sur laquelle le tribunal est appelé à juger, ainsi que ceux qui ont servi de témoins à charge ou à décharge ne pourraient être du nombre des juges.

Les tribunaux criminels ou conseils de guerre, si l'on veut, seraient également composés de sept juges, sur la base fictive suivante :

Un colonel, président.

Un chef de bataillon ou d'escadron.

Un capitaine.

Un lieutenant.

Un sous-lieutenant.

Un sous-officier.

Un soldat.

Les fonctions de commissaire du roi seraient remplies par un juge-auditeur de seconde classe, choisi parmi les militaires du grade de chef de bataillon ou d'escadron, ou parmi les citoyens destinés au barreau et licenciés en droit, qui jouiraient alors du traitement correspondant au grade ci-dessus.

Les fonctions de rapporteur seraient remplies par un capitaine, ayant servi à l'état-major. Celle de greffier, par un sous-officier du grade de sergent-major.

Les officiers présidens, juges des tribunaux militaires, seraient choisis parmi les militaires en retraite, et les sous-officiers et soldats dans les compagnies sédentaires.

Les uns et les autres jouiraient du traitement d'activité, avec l'indemnité de logement de la première classe de leurs grades respectifs. A l'armée ils recevraient un supplément de guerre et auraient droit aux moyens de transport, pour se rendre dans les siéges successifs que le général commandant assignerait aux tribunaux.

Les emplois de président, juges, auditeurs, rapporteur et greffier, seraient inamovibles.

Pour parvenir à former, dans tous les cas, les tribunaux effectifs destinés à juger les prévenus, de manière à ce qu'il y ait trois juges de leur grade, il y aura près de chaque cour de justice un colonel, trois chefs de bataillon ou d'escadron, trois capitaines, trois lieutenans, trois sous-lieutenans, trois sous-officiers et trois soldats. En tout, dix-neuf juges, outre l'auditeur, le rapporteur et le greffier.

Le nombre des causes criminelles n'est pas tellement grand, à beaucoup près, qu'il exige un luxe de conseils de guerre tel que nous l'avons vu jusqu'à présent. En portant l'armée, à son grand complet, à trois-cents mille hommes, elle ne correspondrait encore, pour les chances de délit, qu'à la population de quatre départemens, au terme moyen. Puisqu'il n'y a qu'une Cour d'assises par département, il y aurait assez de quatre Tribunaux criminels pour toute l'armée. Même en admettant que la législation militaire, qui, par sa sévérité, augmente les qualifications de délits, en double les chances, il y aurait encore assez de huit Tribunaux criminels militaires en tout. Mais j'en admets un par division militaire, c'est-à-dire seize, et certes, avec ce nombre la justice ne sera jamais retardée.

En temps de guerre, il sera inutile de créer, pour les armées, de nouveaux conseils de guerre, qu'il faudrait licentier à la paix. On évitera ainsi des créations transitoires qui sont par elles mêmes nuisibles à l'indépendance judiciaire, et qui, dans le cas présent, ne seraient qu'une source de dépenses inutiles. Un tribunal suffit pour un corps d'armée de vingt à trente mille hommes, ce qui est à-peu-près la proportion du temps de paix. Ce seraient donc cinq à six tribunaux tout au plus qu'il faudrait pour nos armées, dans le cas d'une guerre qui nous forcerait à mettre environ deux cents mille hommes sous les armes. Mais par cela même que la plus grande partie de nos troupes serait réunie aux frontières, et que le reste devrait en être rapproché, le même nombre de tribunaux deviendraient inutiles dans l'intérieur, n'ayant plus de troupes dans leur jurisdiction. Rien ne s'opposerait donc à ce qu'ils allassent siéger à l'armée, pendant que la guerre durerait.

Je ne m'étendrai pas sur la nécessité des tribunaux de revision ; elle est reconnue, et ce que j'aurai à dire de la compétence et des formes de procédure, le prouvera encore mieux. N'ayant pas à juger contradictoirement, le nombre des juges n'a pas besoin de s'élever au-dessus de cinq, ainsi qu'il est fixé par la loi existante.

Ce serait de même ;

Un colonel président.

Deux chefs de bataillon ou d'escadron, et deux capitaines.

Les fonctions de commissaire du roi seraient remplies par un juge-auditeur de première classe, du rang de colonel. Celles de rapporteur le seraient par un chef de bataillon ou d'escadron ; et celles de greffier par un sous-officier. Le président, les juges et le rapporteur devraient être choisis parmi les officiers en retraite et traités comme ceux des tribunaux criminels militaires. Les auditeurs de deuxième classe devraient parvenir par ancienneté, *exclusivement*, à la première classe. D'après les principes que j'ai développés, les emplois des uns et des autres devraient être inamovibles.

Il suffit d'un conseil de révision pour deux ou trois Tribunaux militaires : même il faut que chacun des tri-

bunaux de révision , en ait deux dans son ressort ; af
que, dans le cas de l'annulation d'un jugement, le
renvoi puisse avoir lieu dans le même ressort. Ce seraient
donc six , ou huit au plus , pour la France.

En temps de guerre un tribunal de révision suffit pour
chaque armée , et il est possible , de même que je l'ai
dit plus haut, d'y employer des juges séants dans les
tribunaux de l'intérieur.

Il manque à notre législation militaire une institution
que nous voyons établie dans tous les pays ; c'est celle
d'un tribunal suprême de guerre, ou haute Cour de justice militaire. Les délits commis par des colonels ou des
officiers généraux, outre qu'ils sont beaucoup plus rares,
sortent de la classe commune , en ce qu'ils portent un
caractère plus grave que ceux des autres militaires , et
que leurs conséquences sont d'une toute autre importance. D'un autre côté, il n'est pas impossible qu'il se
présente des cas où un condamné pourrait avoir le droit
de prendre ses juges à partie , ou qu'il se présentât contre
eux une accusation de forfaiture. La haute-cour militaire
serait de droit investie de la connaissance et du jugement
de ces différens cas.

La haute-cour de justice serait toujours présidée par
un maréchal de France , et se composerait de trois lieutenans-généraux, et trois maréchaux de camp.

Les fonctions de commissaire du roi y seraient remplies par un auditeur, le doyen de ceux de première classe,
appelé auditeur en chef, et traité au rang de maréchal de
camp. Celle de rapporteur par un colonel en retraite ,
et celle de greffier par un capitaine également en retraite.

Le conseil suprême ne serait point permanent, et
serait convoqué chaque fois par le ministre de la guerre ;

mais les juges devraient toujours être les plus anciens officiers généraux disponibles, de leur grade. L'auditeur, le rapporteur et le greffier seraient permanens.

La seule variation qui serait admise dans la composition des tribunaux criminels militaires, aurait lieu pour les membres du corps de l'intendance, qui pourraient être mis en prévention. Dans ce cas, deux intendans ou sous-intendans de leur classe seraient au nombre des juges. Quant aux autres employés militaires, le tribunal se composerait selon le grade militaire, auquel ils sont assimilés.

Une dernière observation à faire est relative au jugement des individus d'un pays ennemi, qui pourraient être accusés de quelque crime. L'honneur national exige que non seulement la raison et la justice président au jugement et à l'application de la peine, mais qu'il ne puisse même s'élever aucun soupçon que le tribunal se soit laissé entraîner, par une passion quelconque, à abuser de la force. Ces motifs, et des considérations tirées du droit des gens, exigeraient que, dans ce cas, deux magistrats ou deux citoyens du pays, jouissant de la considération publique, fussent au nombre des juges.

SECTION III.

COMPÉTENCE DES TRIBUNAUX MILITAIRES.

Nous avons ici deux objets distincts à examiner. D'abord la compétence des tribunaux militaires en général, et ensuite celle de chacun d'eux en particulier.

La première question ayant déjà été examinée plus

haut (page 12) et les résultats, qui dérivent de cet examen, ayant été établis, je n'y reviendrai plus, si ce n'est pour établir d'une manière précise la compétence générale des tribunaux militaires.

Tous les délits dans lesquels peuvent intervenir des militaires, ou des individus qualifiés tels, par leur emploi dans l'armée, doivent appartenir à une des quatre classes suivantes.

1° Délits commis par des militaires seuls, contre leurs chefs, leurs égaux, leurs subordonnés, ou contre l'état, prévus et qualifiés spécialement, par le Code Pénal militaire.

2° Délits commis par des militaires seuls, envers leurs chefs, égaux ou subordonnés, ou envers l'état, prévus et qualifiés de délits, pour tous les citoyens, par le Code Pénal civil.

3° Délits de toute nature, commis par des militaires, de complicité avec des citoyens.

4° Délits commis par des militaires seuls, envers des citoyens.

Nous avons déjà vu, que la répression de cette dernière classe de délits était de droit sous l'empire du Code Pénal des citoyens et de la compétence des tribunaux du droit commun.

Ceux de la troisième classe sont également de la compétence des mêmes tribunaux ; mais, dans le cas de condamnation, les peines à infliger aux militaires condamnés seraient celles portées par le Code Pénal militaire, s'il en contient de spéciales.

Les délits de la seconde et de la première classe sont de la compétence des tribunaux militaires. Mais les peines applicables à ceux de la seconde classe, sont celles exprimées par le Code Pénal des citoyens, c'est-à-dire par la loi commune. C'est la jurisprudence que nous avions adoptée dans la république italienne et le royaume d'Italie.

La classification et l'énumération des individus attachés à l'armée, et qui doivent être soumis à la même législation, est bien établie, par la loi du 13 brumaire an V, art. 10, sauf les commissaires de guerre que remplacent les intendans. Elle peut donc être maintenue.

Quant à la compétence particulière de chaque tribunal militaire, elle est suffisamment indiquée par la classification du Code Pénal, et par la division établie dans la première section.

Les tribunaux de police, remplacés par le chef du corps, jugent et punissent les contraventions disciplinaires, jusqu'à la limite fixée dans le Code des Délits et Peines.

Les tribunaux correctionnels connaissent et jugent des infractions qualifiées de délits et spécifiées dans le même Code.

Les tribunaux criminels connaissent et jugent directement des crimes qualifiés par le Code Militaire, et par voie d'appel, des délits jugés par les tribunaux correctionnels.

Les tribunaux de révision jugent par voie d'appel, et, quant à la forme, ainsi qu'il est spécifié au Code de Procédure Militaire, des jugemens rendus par les tribunaux criminels, et en prononcent, en cas de cassation, le renvoi devant un autre tribunal.

La cour suprême de justice connaît et juge directement :

1° Des délits et crimes des colonels, maréchaux de

camp, lieutenans-généraux, intendans militaires, et de tous les employés militaires dont le grade est assimilé aux précédens.

2° Des accusations de forfaiture, ou des demandes de prise à partie, formées contre les juges des autres tribunaux.

Dans le cas où, par suite de cassations prononcées par un tribunal de révision, une cause criminelle, après avoir passé devant tous les tribunaux criminels de son ressort, devrait encore être jugée, la cour suprême de justice règle la compétence, en déterminant le nouveau tribunal devant lequel elle doit être portée. Dans ce cas les appels sont adressés au tribunal de révision du nouveau ressort.

SECTION IV.

MODE DE PROCÉDURE MILITAIRE.

Les bases sur lesquelles doivent être établies les formes de la procédure devant les tribunaux militaires, sont les suivantes :

1° Assurer au prévenu toutes les garanties d'une libre défense et d'une justice impartiale.

2° Abréger la durée des affaires, afin de diminuer la détention du prévenu, mais sans affaiblir les garanties qui doivent lui être assurées.

Sous le point de vue de l'abbréviation de la procédure, on peut s'en rapporter entièrement à la législation actuelle, c'est-à-dire, à la loi du 13 brumaire an IV; elle n'a rien omis de ce qui pouvait empêcher une procédure de se prolonger. Mais ce n'est point ainsi que la justice doit être administrée. Les procédures brochées à la hâte et les entraves mises à la défense de l'accusé, sont une cause directe d'abus, et ont produit trop d'exemples de ce qu'on appelle, par politesse, *des erreurs*, et qui sont, dans toute la force de l'expression, *des assassinats juridiques* (1). Je ne parlerai pas *de l'audition sommaire des témoins*, qu'on a voulu introduire parmi nous, avec un lambeau de la jurisprudence des Francs envers les Gaulois. Cette méthode contraire à la Charte, à l'humanité, à la justice, à la raison, doit être abandonnée aux brigands qui délibèrent sur le sort d'un voyageur tombé dans leurs mains.

Pour que les garanties auxquelles tout accusé a droit, se trouvent dans le Code Militaire de procédure, il faudrait :

1° Qu'il contînt des dispositions qui assurassent que la procédure ne peut dans aucun cas être tronquée, soit par la négligence ou le refus d'admettre une pièce à décharge, dont la présentation entraînerait quelque délai, ou d'entendre un témoin absent, sous prétexte qu'il est éloigné, soit en refusant d'inscrire au procès-verbal d'interrogatoire les observations de l'accusé.

2° Qu'il assurât au défenseur d'un accusé, au moins le temps strictement nécessaire pour prendre connaissance d'une procédure qui peut être longue, et pour obtenir d'un prévenu, souvent effrayé, les éclaircissemens nécessaires à sa défense,

---

(1) Je pense encore en frémissant, au sort d'un jeune soldat de ma brigade, en 1812, qui fut jugé *sommairement* par ordre du général de division, et malgré mes instances pour obtenir un délai, et exécuté avec la même précipitation. Si l'on avait attendu vingt-quatre heures le témoignage qu'il invoquait, il n'aurait pas péri.

3° Que le défenseur du prévenu ait la liberté de dire et de développer tout ce qui peut servir à la défense de son client, sans être arrêté par la susceptibilité d'un président, sauf à le poursuivre après, s'il s'est rendu coupable.

Cette latitude est surtout nécessaire pour les causes d'insubordination, où la défense peut reposer sur des récriminations.

4° Que dans le cas où ces conditions, nécessaires à une justice impartiale, auraient été négligées ou violées par un tribunal, le Code instituât un autre tribunal, chargé de faire jouir l'accusé de tous les avantages qui lui sont dûs pour sa défense.

D'après les principes établis ci-dessus, voici je crois les modifications que devrait éprouver la loi du 13 brumaire, sur les formes de la procédure devant les Tribunaux Militaires :

L'arrestation du prévenu ayant eu lieu par les ordres de son chef particulier, ce dernier devra transmettre, dans les vingt-quatre heures, la plainte ou la dénonciation qui a donnée lieu à l'arrestation, au Général commandant la division, par le canal du Commandant de la subdivision, si le délit imputé est de la compétence du Tribunal criminel. Le Général commandant la division, après avoir examiné les pièces, prononcera, dans le plus bref, le renvoi du prévenu devant le Tribunal compétent, et transmettra les pièces à l'auditeur. Si le délit n'est que passible d'une peine correctionnelle, ce sera le Commandant du département qui prononcera, et donnera les ordres nécessaires au Chef du corps.

Après avoir reçu la plainte, l'auditeur en rendra compte au Président, et le transmettra au Rapporteur, qui procédera à l'interrogatoire de l'accusé et à l'audition des témoins.

Un membre de la Cour de justice militaire, délégué par le président, devra être présent à l'audition des témoins et à tous les interrogatoires de l'accusé, et en signer le procès-verbal, conjointement avec le rapporteur.

Après le premier interrogatoire de l'accusé, il lui sera demandé s'il a des témoins à fournir pour sa décharge. L'indication qu'il en donnera sera inscrite au bas du procès-verbal. Cette indication ne sera cependant point absolue, et le prévenu conservera le droit, pendant tout le cours de la procédure, de demander l'audition d'un témoin, ou la réception d'une pièce à décharge. Le rapporteur devra, sur sa demande, le faire comparaître pour entendre et écrire la déclaration. Le rapporteur ne pourra également pas refuser la confrontation des témoins à charge, avec le prévenu, si celui-ci la demande.

Lorsque le rapporteur jugera que la procédure peut être close, il la communiquera au Président et à l'auditeur, pour en prendre l'avis, et il continuera si on juge qu'il y ait lieu. Si la procédure doit être close, le rapporteur avertira le prévenu de se choisir un défenseur. Le prévenu sera libre de choisir dans toutes les classes de citoyens du lieu où siége le tribunal, ou de celui où il était en garnison. S'il déclare qu'il ne peut faire ce choix, le président fera la demande au Tribunal civil du lieu, d'un défenseur d'office (1).

____

(1) Ce n'est pas parce qu'un militaire serait incapable de défendre son camarade avec zèle et courage, que cette précaution est nécessaire, mais c'est afin d'assurer encore mieux l'indépendance du défenseur, et, par conséquent, de la défense.

Communication de toute la procédure doit être donnée au défenseur, sans déplacement à la vérité ; mais après en avoir pris connaissance sommairement, le défenseur adressera, par écrit, au président, une demande indicative du temps dont il a besoin pour préparer sa défense. Le président, au bas du même écrit, fixera le temps qu'il croit suffisant, et le fera connaître au défenseur. Cette pièce devra rester jointe au procès, sous peine de nullité, afin d'être représentée au Tribunal de révision en cas d'appel.

La procédure étant close et le jour du jugement étant fixé, le président en rendra compte au Général commandant la division ou la place, afin qu'il soit fourni au tribunal une garde, qui sera à sa disposition.

Les séances des Tribunaux militaires devront être entièrement publiques, sans que le nombre des spectateurs puisse être limité. Ils devront cependant être désarmés, découverts et se tenir en silence.

Après lecture faite du procès-verbal d'instruction et des pièces, le président demandera aux juges s'ils croyent la procédure suffisamment instruite, ou s'il y a lieu à un plus ample informé. Dans ce dernier cas, le jugement de plus ample informé sera inscrit et signé sur le registre, et l'audience remise. Dans le cas contraire, l'accusé sera introduit et interrogé.

Les témoins à charge et à décharge, dont le prévenu aurait demandé l'audition en public, seront également entendus.

Le défenseur et le prévenu même, s'il croit avoir quelque observation à faire, seront entendus sans interruption, à moins que le défenseur ne s'écarte évidemment de l'objet de la défense, dans lequel cas il pourrait y être rappelé, sans préjudice de ses réserves à faire valoir devant le tribunal de révision. Si le défenseur manquait de respect au tribunal, ou se permettait des allégations injurieuses, le président pourra le rappeler à la modération, mais sans pouvoir, *à peine de nullité*, lui interdire la parole, sauf à le poursuivre après pour ce délit, s'il y avait lieu.

L'accusé et son défenseur entendu, et aucun des juges n'ayant plus de questions ni d'observations à leur faire, le président et les juges se retireront dans la chambre du conseil pour y remplir les fonctions de jury, et délibérer sur la question du fait. Là, le président posera les questions qui doivent établir la culpabilité, à-peu-près dans l'ordre suivant.

N... accusé d'avoir commis tel délit, est-il coupable ?

N... accusé, est-il coupable d'avoir commis ce délit avec telle circonstance aggravante ? ou avec telle autre ? etc.

N... accusé, est-il excusable par tels motifs, etc.

Il est inutile d'observer que si la première question est résolue négativement, il n'y a plus lieu à poser les autres. Le tribunal rentre en séance, et le président prononce l'acquittement et ordonne la mise en liberté de l'accusé.

Le jugement, sur chaque fait, étant prononcé à la majorité de cinq voix, le tribunal rentrera dans la salle des séances, et le président le prononcera dans la forme suivante.

N... accusé, est coupable d'avoir commis tel délit, avec telle circonstance aggravante ou telle circonstance qui le rend excusable.

Cette déclaration faite, l'auditeur requerra l'application de la peine, en lisant l'énoncé de l'article du Code

Pénal, qui en fixe le *maximum* et le *minimum*. Alors le président recueillera à ce sujet les notes des juges, en commençant par le grade inférieur. Chaque juge écrira son vote sur un bulletin, qu'il remettra au président ; les votes réunis seront dépouillés et vérifiés par le président, assisté de l'auditeur, et leur résultat sera transcrit sur un bulletin signé de tous deux ; les votes originaux seront brûlés et détruits. Cette opération terminée, le président fera connaître à haute voix la peine prononcée par le Tribunal, et fera transcrire le jugement par le greffier, sur le procès-verbal de la séance. Si la majorité de cinq votes ne s'est pas réunie pour l'application d'une même peine, l'avis le plus favorable à l'accusé sera adopté.

Aucun jugement ne pourra être exécuté dans l'intervalle de moins de vingt-quatre heures, à compter de celle où il a été lu à l'accusé, et dont le rapporteur devra faire mention par une note signée, au bas de la copie laissée à l'accusé.

Pendant tout ce temps, le condamné, par lui-même ou par l'organe de son défenseur, qui devra communiquer librement avec lui, aura le droit de recourir au Tribunal d'appel ou de révision. Cette déclaration écrite et signée par le condamné ou par son défenseur, sera remise au Greffe du tribunal, et le greffier sera obligé d'en donner reçu. A défaut par lui de le faire, la déclaration sera déposée dans ses mains, en présence de deux citoyens connus et domiciliés du lieu où siège le Tribunal, et qui en donneront acte. Toute exécution d'un jugement en dérogation de la déclaration d'appel est une forfaiture. Le même délai de vingt-quatre heures est accordé au Commissaire du Roi, pour appeler du jugement rendu, dans l'intérêt de la loi.

Le jugement dont il a été interjetté appel, et la procédure sur laquelle il est fondé, seront sans délai envoyés par le président du tribunal, au général commandant la division ou la subdivision, pour être transmis au tribunal saisi de l'appel.

L'appel simple, c'est-à-dire sur le fonds, n'aura lieu que du tribunal correctionnel au tribunal d'appel. La procédure devra être recommencée en entier devant ce dernier, et ainsi devra requérir la déclaration d'appel ; et le prévenu devra être traduit devant ses nouveaux juges, personnellement.

L'appel en révision ne pouvant porter que sur la violation de formalités protectrices, que la loi établit en faveur de l'accusé, ou sur une fausse application de la loi, n'oblige pas à recommencer la procédure devant le tribunal de révision. Les pièces seules lui seront transmises, et la révision soutenue par l'organe du défenseur de l'accusé.

Les jugemens emportant la peine capitale seront suspendus de droit par le recours en grâce, et ne pourront être exécutés qu'après que la décision du souverain, qui refuse la grâce, aura été communiquée au condamné.

Les demandes de prise-à-partie des juges, ou les dénonciations de forfaiture seront transmises au ministre de la guerre, soit par les parties lésées, soit par les commissaires du Roi près des tribunaux. Le ministre de la guerre sera tenu de convoquer, dans le plus bref délai, le tribunal suprême, qui instruira l'affaire dans les mêmes formes indiquées par le Code de procédure criminelle ; mais qui prononcera son jugement sur le fonds, selon les dispositions du Code Pénal (art. 177 à 183) et du Code de Procédure criminelle (art. 483 à 513.)

J'ai exposé aussi brièvement que je l'ai pu, les principes sur lesquels il m'a paru que devait être basé le Code de législation militaire, pour être en harmonie avec la Charte et l'esprit du siècle où nous vivons. J'ai développé les conséquences qui en dérivaient, afin d'en déduire les principales dispositions qu'on doit désirer y voir écrites. J'ai essayé de faire voir quelle est la véritable place que doit occuper l'armée dans la société, et quelle est l'étroite liaison de droits et de devoirs, d'égards et d'estime réciproques, qui doivent unir les militaires à la masse de leurs concitoyens. J'ai enfin cherché à démontrer la fausseté et les dangers de tout système qui tendrait à isoler l'armée au milieu de la nation, et à rompre entre elle et ses concitoyens toute communauté d'intérêts, d'obligations et de droits; qui, en un mot, lui enlèverait le plus noble titre de gloire, en la constituant au milieu d'eux, comme un corps menaçant, et par là étranger. Que gagnerait l'armée à être privée des garanties du droit commun, que pourtant réclameront ses membres, en rentrant dans la société, après leur temps de service ? Que gagneraient les citoyens, à voir leurs fils et leurs frères séparés d'eux par leurs institutions, former au milieu d'eux un corps isolé ? Qu'y gagnerait enfin la patrie ?..... si ce n'est les malheurs que peut causer la désunion..

Soldat et citoyen pendant quarante ans, j'ai le droit de rappeler à mes frères d'armes, que les citoyens au milieu desquels ils vivent, sont leurs pères, leurs frères, leurs amis, et que parmi eux se trouvent tous les objets les plus sacrés de leurs affections. J'ai également celui de rappeler à mes concitoyens que cette armée, à laquelle je me fais gloire d'avoir appartenu, ne se compose que de leurs fils et leurs frères, qui se sont voués à leur défense et qu'on verrait encore, comme on nous a déjà vus, verser leur sang sur le champ d'honneur, mépriser les dangers et les fatigues, et braver cent fois la mort, pour remplir les devoirs que la loi leur a imposés. Réunissons-nous donc en un seul faisceau, autour des institutions qui nous sont communes et du souverain, qui en est inséparable ; soldats, aimons, respectons, défendons nos concitoyens ; citoyens, chérissons et honorons nos défenseurs et ceux de la patrie.

J'ai dû cette déclaration à ma conscience, et fort de la pureté de mes vues, je ne la fais qu'à ma conscience seule. Il est possible que la malveillance, pour mieux attaquer mes principes, calomnie mes intentions, peu m'importe. Sûr de l'assentiment de tous ceux pour qui les vertus civiques ne sont pas un masque de circonstance, et la Charte un vain mot, je m'honore d'avoir rempli un devoir de citoyen, et je mépriserai la calomnie et les interprétations.

FIN.

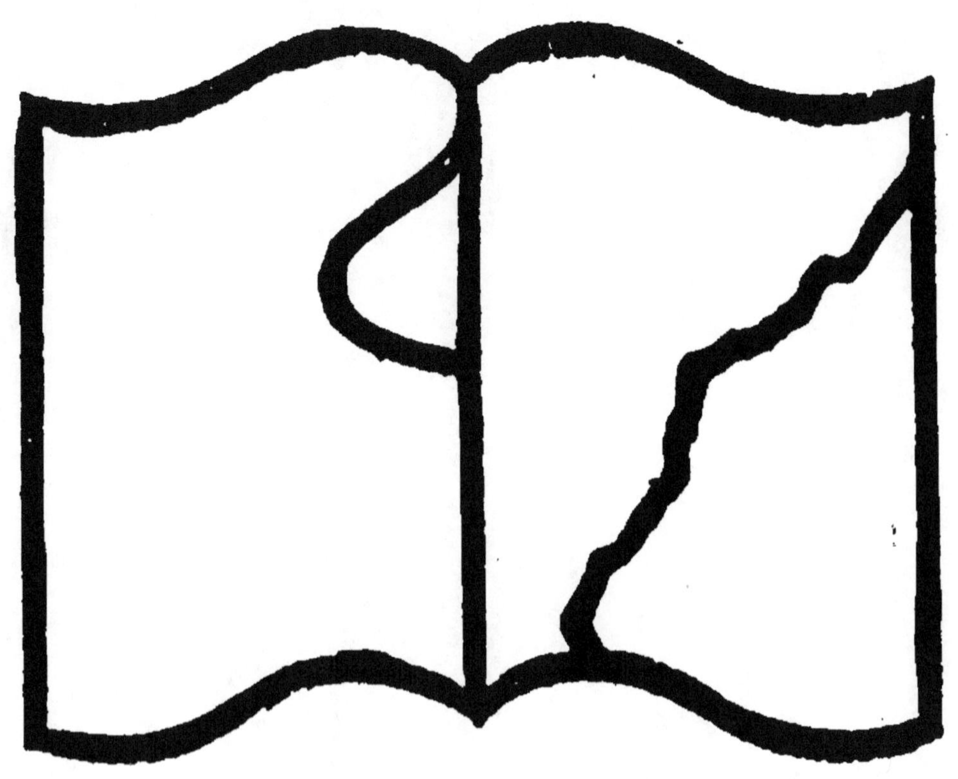

Texte détérioré — reliure défectueuse
NF Z 43-120-11

www.ingramcontent.com/pod-product-compliance
Lightning Source LLC
Chambersburg PA
CBHW051143050726
47594CB00003B/1225